글·그림 맥 판 하크동크

네덜란드의 그래픽 디자이너이자 삽화가로, 헤이그에 있는 왕립예술학교에서 공부했습니다. 학교에 다닐 때부터 동물들, 특히 펭귄과 고래를 소재로 재미있으면서도 교육적인 만화들을 그렸습니다. 현재 작가는 로테르담에 있는 블라이도르프 동물원의 삽화가로 일하고 있으며, 어린이들을 위한 책을 여러 권 출판했습니다. 그의 책에서는 주요 인물로 동물이 자주 등장합니다.

옮김 한도인

영문학자이자 대학교수입니다. 성균관대학교에서 셰익스피어에 관한 연구로 박사 학위를 받았고, 현재 단국대학교 교양학부에서 영어를 가르치고 있습니다. 매년 영어와 영문학 전반, 특히 셰익스피어에 관한 연구 논문을 발표하는 한편, 틈틈이 연극 감상평을 쓰기도 하고 학술 번역은 물론 아동 청소년 소설 번역도 열심히 하고 있습니다. 어린 시절을 작은 시골에서 보낸 기억을 어젯밤 꿈처럼 마음속 한켠에 두고 있는 옮긴이는 글쓰기와 그림 그리기를 좋아해서 언젠가는 그 기억을 글과 그림으로 풀어내고 싶어합니다. 그동안《초록빛 도시를 만든 에코 생쥐 삼형제》,《레오나르도 다빈치의 마지막 노트》등 아동 청소년 소설을 번역했습니다.

내가 먼저 지구에 살았어!

초판 1쇄 펴낸날 2024년 4월 12일
초판 2쇄 펴낸날 2024년 7월 20일

지은이·그린이 맥 판 하크동크 | **옮긴이** 한도인 | **펴낸이** 양승윤
펴낸곳 (주)와이엘씨 | **출판등록** 1987년 12월 8일 제1987-000005호
주소 서울특별시 강남구 강남대로 354 혜천빌딩 15층
전화 02-555-3200 | **팩스** 02-552-0436 | **홈페이지** www.aladinbook.co.kr

값 13,000원
ISBN 978-89-8401-496-1 74400 | 978-89-8401-480-0 (세트)

Wow! Het leven vóór de dino's. Het ongelooflijke verhaal van onze aarde
by Mack van Gageldonk / First published in Belgium and the Netherlands
by Clavis Uitgeverij, Hasselt-Alkmaar-New York, 2023
Text and illustrations copyright © 2023 Clavis Uitgeverij, Hasselt-Alkmaar-New York

All rights reserved.
Korean translation Copyright © 2024 YLC Inc.
Arranged through Icarias Agency, Seoul

이 책의 한국어판 저작권은 Icarias Agency를 통해 Clavis Uitgeverij와 독점 계약한 (주)와이엘씨에 있습니다.
저작권법에 의하여 한국 내에서 보호를 받는 저작물이므로 무단전재와 복제를 금합니다.

알라딘 북스는 (주)와이엘씨의 어린이 책 출판 브랜드입니다.

① 품명 : 내가 먼저 지구에 살았어!
② 제조자명 : 알라딘북스
③ 주소 : 서울시 강남구 강남대로 354
④ 연락처 : 02-555-3200
⑤ 제조년월 : 2024년 7월
⑥ 제조국 : 대한민국
⑦ 사용연령 : 6세 이상
⑧ 취급상 주의사항
  • 종이에 베이지 않도록 하세요.
  • 책의 모서리가 날카로우니 던지거나 떨어뜨려 다치지 않도록 주의하세요.
⑨ KC마크는 이 제품이 공통안전기준에 적합하였음을 의미합니다.

46억 살 지구의 1살 이야기

내가 먼저 지구에 살았어!

글·그림 맥 판 하크동크 | 옮김 한도인

공룡이 살기 전 지구에는

공룡은 지금까지 육지에 살았던 동물 중에서 가장 몸집이 큰 동물입니다. 수백만 년 전, 공룡은 우리의 행성인 지구를 지배했었지요. 그런데 공룡이 살기 전 지구에는 무엇이 있었을까요? 지구는 **나이가 약 46억 살**이나 되었습니다. 그 오랜 시간 동안, 지구에는 우리가 믿기 힘든 아주 이상하고 특별한 일들이 일어났습니다.

아주 오래전 우리 행성은 다른 행성과 충돌했습니다. 그때의 지구는 너무 뜨거워서 그 어느 것도 단 1초도 살 수 없었습니다. 그다음에는 엄청나게 추워져서 지구 전체가 눈덩이가 되어 버렸지요. 어떤 때에는 그림 같은 풍경을 이룬 땅들이 솟아올랐다가 바닷속으로 사라졌습니다. 그런 격렬한 자연의 소용돌이 속에서, 지구에 생명체가 등장했습니다. 생명체는 아주 다양한 형태로 생겨났어요. 거대한 지네와 톱상어, 이끼로 이루어진 나무들, 상어도 놀라서 달아날 만한 이빨을 가지고 다른 동물을 잡아먹는 물고기, 그리고 등에 돛이 달린 도마뱀같이 생긴 동물 등……. 정말 놀랍지요? 이렇게 흥미진진한 지구의 이야기 속으로 오신 여러분을 환영합니다.

아주 오래된 과거가 남긴 것

우리 발아래 땅속에는 아주 오랜 옛날에 살았던 동물과 식물이 죽은 뒤 남긴 것으로 가득 차 있습니다. 동물이나 식물이 죽은 뒤 흙에 묻히게 되면 그 위에 다른 흙과 먼지가 덮인 뒤 눌리고 압축되어서 보존되기도 합니다. 그것을 우리는 **화석**이라고 부릅니다. 그렇게 보존된 결과, 어떤 때에는 동물의 뼈를 포함해 골격 전체가 수백만 년이 지난 현재에 발견되기도 합니다. 아주 오래전에 멸종된 동물들이 어떻게 생겼는지를 우리가 알 수 있는 것은 바로 이러한 화석들 덕분이지요. 과학자들은 첨단 기술의 도움을 받아 화석이 된 생물이 얼마나 오래전에 살았었는지, 어떻게 생겼었는지, 어떤 방식으로 이동했었는지 등을 알 수 있으며, 그보다 더 많은 것을 알아낼 수도 있습니다. 그러면 우리가 화석에 대해 모든 것을 알 수 있을까요? 아니요, 그렇지는 않습니다. 예를 들면, 동물들이 내던 소리는 당연히 알 수가 없지요. 그리고 그 친구들이 어떤 색이었는지도 추측해 보는 수밖에 없습니다. 동물의 가죽은 대부분 썩어 없어진 상태이거든요. 이렇게 화석은 수많은 추측을 남깁니다. 그것이 바로 화석이 매력적인 이유이기도 합니다.

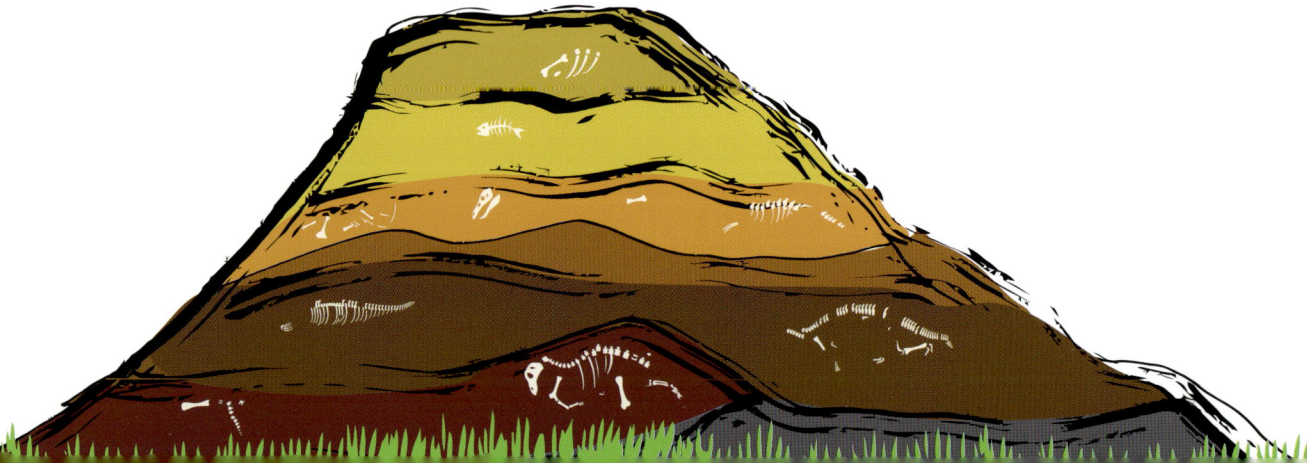

지층이 말해 주는 이야기

중국 간쑤성 장예시에 있는 국립 지질 공원에는 무지개 색의 산이 있습니다. 울퉁불퉁한 산등성이들이 마치 누군가 크레파스로 색칠해 놓은 것처럼 보이지만, 사실 모두 다 자연 그대로의 색이랍니다. 이 보기 드물게 아름다운 풍경은 지구가 여러 층으로 이루어져 있음을 보여주고 있습니다. 가장 낮은 층이 가장 오래된 **암석**을 품고 있고 새로운 층이 계속해서 그 위로 쌓여 여러 층의 산이 된 것입니다. 과학자들은 어떤 층이 얼마나 오래되었는지를 연구하여 정확하게 알아냅니다. 그래서 어떤 한 층에서 화석이 발견되면 얼마나 오래된 것인지를 판단할 수 있지요. 그 반대로, 어떤 한 화석이 발견되면 그 화석이 발견된 지층에 대해서도 중요한 사실들을 알 수 있습니다. 예를 들면, 공룡은 2억 2천5백만 년에서 6천6백만 년 전 사이에 살았다고 알려져 있습니다. 그런데 다른 화석이 같은 층에 있다면 그들도 그 시기에 살았던 것이지요. 이렇게 모든 지층은 각자 자신의 이야기를 전해 줍니다.

• 자갈·모래·진흙·화산재 등이 바다 밑·강바닥 또는 땅 표면에 퇴적하여 층을 이루고 있는 것.

원시 시대 암석

멋있는 절벽을 이루는 암석은 그 안에 아주 많은 정보를 담고 있습니다. 암석의 색과 구조, 그리고 강도를 통해 그 암석이 어떻게 형성되었는지 알아낼 수 있는데, 어떤 암석은 오래된 산호의 사체에서 생겨나고, 또 어떤 암석은 압축된 수정(크리스털)에서 만들어졌습니다. 가장 오래된 암석은 원시 시대에 화산이 폭발한 잔해에서 만들어졌습니다. 아래 그림에 나온 **현무암 기둥**이 바로 그 예입니다. 기둥들이 모두 육각형인데요, 왜 이런 모양을 하게 되었는지는 아무도 밝혀내지 못한 자연의 수수께끼랍니다.

지질학 연대표

• 지구의 구성 물질, 형성 과정, 과거에 살았던 생물 등을 연구하는 학문.

45억 년 전　　40억 년 전　　30억 년 전　　25억 년 전　　20억 년 전　　10억 년 전

| 5억 년 전 | 4억 년 전 | 3억 5천만 년 전 | 3억 년 전 | 2억 5천만 년 전 | 1억 년 전 | 현재 |

지구가
태어났어요

용암으로 만들어진 바다

우주 먼지

끝없이 펼쳐진 우주에는 수십억 개의 은하들이 있고 그 안에는 또 아주 많은 수의 별과 행성들이 있습니다. 한 개의 별은 다른 어떤 별이 폭발하면서 태어나는데 그런 폭발이 일어나면, 우주 먼지도 같이 우주 공간으로 터져 나갑니다. 그리고 수백만 년에 이르는 과정을 거쳐서, 그 먼지들은 하나의 **새로운 별**이 됩니다. 또 우주 먼지가 서로 뭉쳐 무리를 이루어 그 새로운 별 주위를 도는 새로운 행성이 되기도 합니다.

우리의 태양과 행성도 아마 이런 방식으로 만들어졌을 것입니다. 대략 46억 년 전에 일어난 일이지요. 그때는 태양이 지금처럼 강력하지도 않았고, 지구도 역시 불덩이에 지나지 않았습니다. 달은 그때는 아직 만들어지지 않았습니다. 훨씬 나중에 생겨났지요.

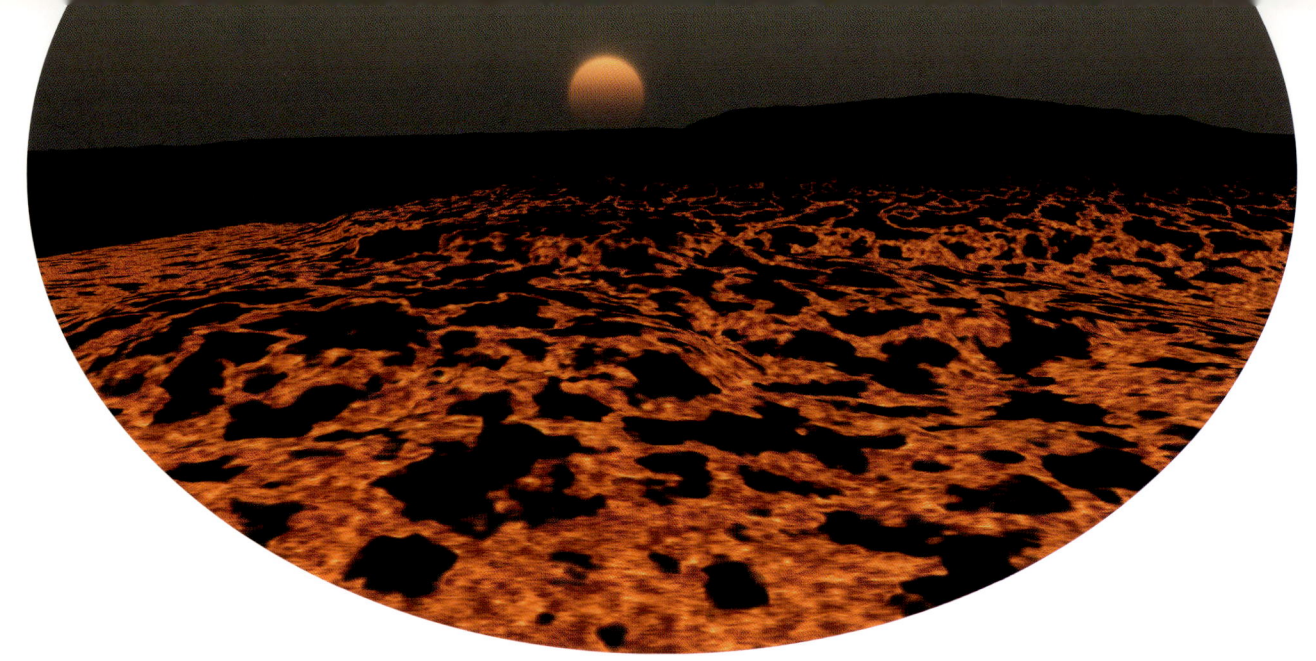

불덩어리에서 시작된 지구

처음에 지구는 지금과는 아주 다른 모습이었습니다. 암석이 녹아서 만들어진 불덩어리에서 시작되었는데, 그 불덩어리를 형성하는 데에도 아주 오래고 힘든 시간이 걸렸습니다. 그런데 우주에서, 이제 막 태어난 이 행성에 얼음과 암석 조각이 쏟아져 내렸습니다. 그때의 지구의 대기는 아직 지구를 잘 보호할 수 없었습니다. 그래서 떨어지는 별의 조각이라 불리는 유성(별똥별)이, 마치 포탄처럼 지구를 향해 떨어졌어요. 그 조각들이 지구에 최초로 물을 가져왔다고 과학자들은 추측하고 있습니다. 최초의 물은 훗날 지구의 바다와 대양을 만들었지요.

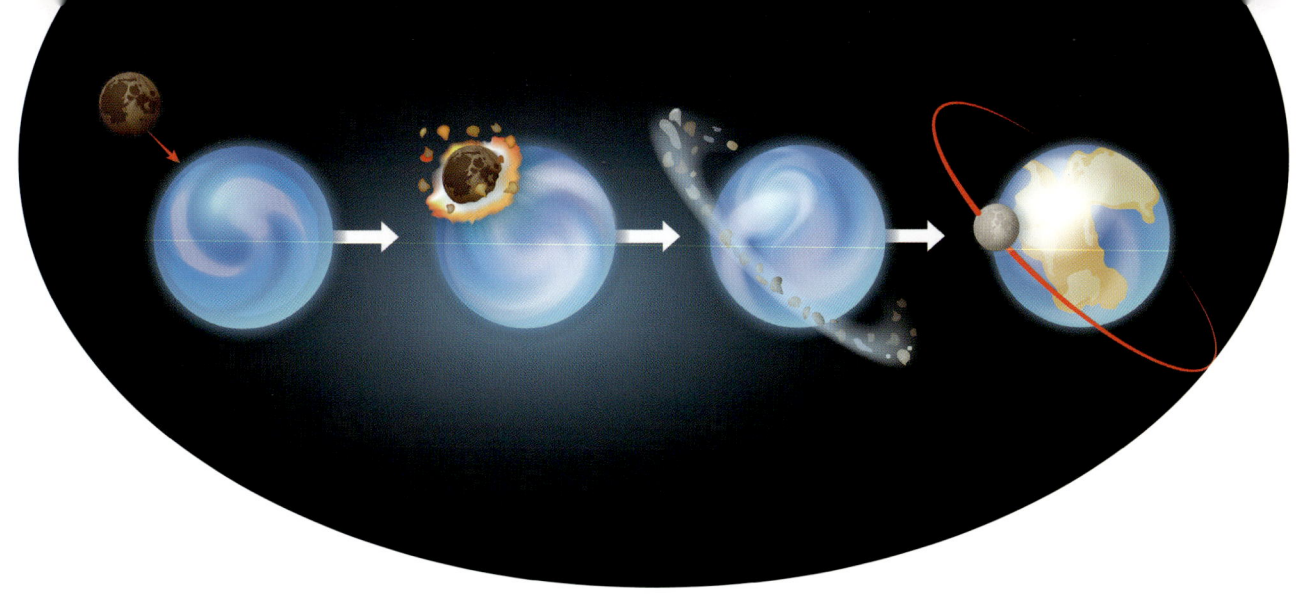

거대한 달

40억 년도 훨씬 전에, 어린 지구는 **테이아**라는 행성과 충돌했습니다. 이 충돌로 인해서 테이아와 지구의 일부가 잘게 부서져 작은 조각들이 생겼고, 그 조각들은 우리 행성 주위의 궤도를 돌기 시작했습니다. 바로 그 작은 조각들에서 달이 생겨났습니다.

처음에 달은 지금보다 훨씬 더 지구 가까이에 있었습니다. 그때 만일 달을 올려다봤더라면 지금보다 굉장히 더 크게 보였을 겁니다. 오늘날 달은 지구에서 아주 멀리 떨어져 있지만 그래도 다른 행성의 달들보다는 여전히 더 가까워 크게 보입니다. 그래서 지구와 달을 '이중 행성'이라고 부르는 과학자도 있기는 하지만, 대부분의 사람들은 행성과 위성의 관계로 생각하고 있습니다.

이 암석들은
수백만 년을 살았어요

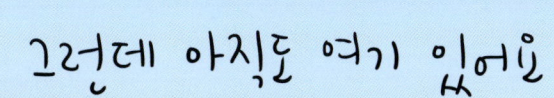
그런데 아직도 여기 있어요

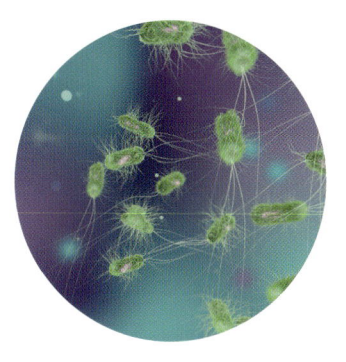
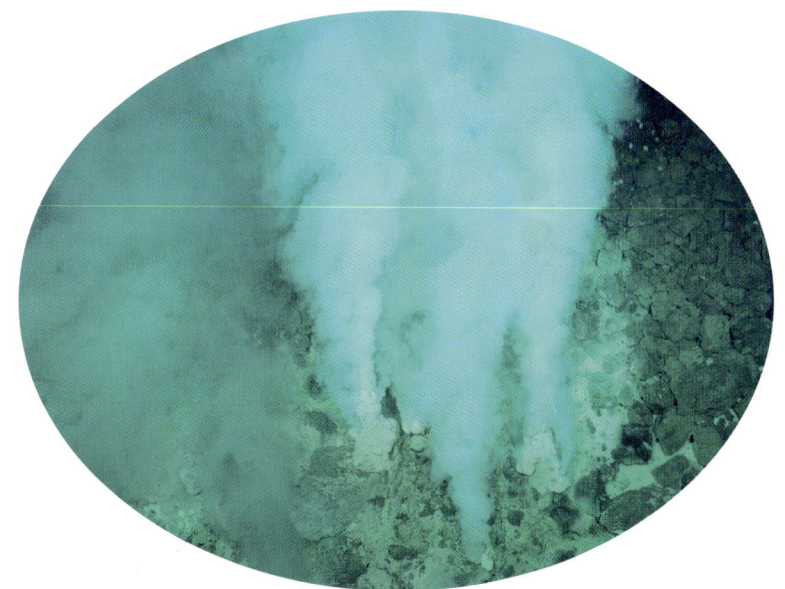
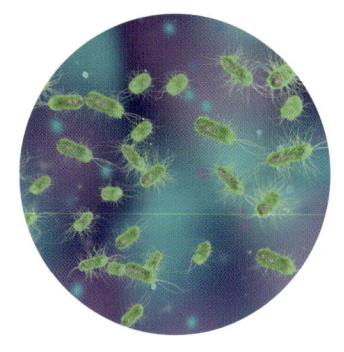

생명은 조그맣게 시작했어요

지구의 나이가 5억 년이 조금 넘었을 때, 기적이 일어났습니다. 그때의 지구는 오늘날 우리가 알고 있는 지구와 비교할 수 없었습니다. 공기는 산성 물질로 가득 차 있었고, 화산은 뜨거운 용암을 내뿜고 있었거든요……. 그런 상황에서도 지구 표면이 서서히 식어가면서 최초의 바다가 만들어지기 시작했습니다. 기적은 바로 그 바다 안에서 일어났습니다. 살아 있는 것이라고는 아무것도 없던 그곳에서, 아주아주 작은 세포 하나가 태어나기 시작했거든요. 바로 생명이 시작됐습니다! 그런데 그뿐만이 아니었어요. 그 세포는 스스로 번식하여 후손을 얻는 방법도 찾아냈습니다.

최초의 생명체는 일종의 **박테리아**였습니다. 박테리아는 가장 극단적으로 좋지 않은 조건에서도 견딜 수 있었습니다. 예를 들면, 박테리아는 간헐천 위와 간헐천 밑 물속에서도 발견되곤 합니다. 간헐천은 수압이 높고 온도도 섭씨 100도까지 오르는 곳이지요.

• 하나의 세포로 이루어진 미생물로 맨눈으로 볼 수 없을 정도로 매우 작습니다. 세균이라고 부르기도 해요.

미국의 옐로스톤 국립 공원에는 펄펄 끓는 간헐천이 있는데, 그 속에는 형형색색의 박테리아가 살고 있어요.

박테리아 덩어리

지구 최초의 생명체는 어떻게 생겼을까요? 지금도 지구 곳곳에 그 모습을 볼 수 있는 곳이 몇 군데 있습니다. 오스트레일리아의 샤크 베이가 바로 그중의 하나입니다. 그곳의 해안가를 따라 걸어가다 보면, 수많은 암석을 만나게 됩니다. 이 암석들은 수백만 개의 박테리아로 만들어진 것들인데, 35억 년 전에 만들어지기 시작했고, 지금도 계속되고 있습니다. 이것이 지구 최초로 생명체들이 서로 협업한 사례라고 과학자들은 생각하고 있습니다.

이 암석들은 **스트로마톨라이트**라고 부릅니다. 스트로마톨라이트는 수많은 형태로 존재합니다. 콜리플라워의 봉오리 같은 모양에서부터 몇 미터 높이의 건축물 모양에 이르기까지 아주 다양하지요.

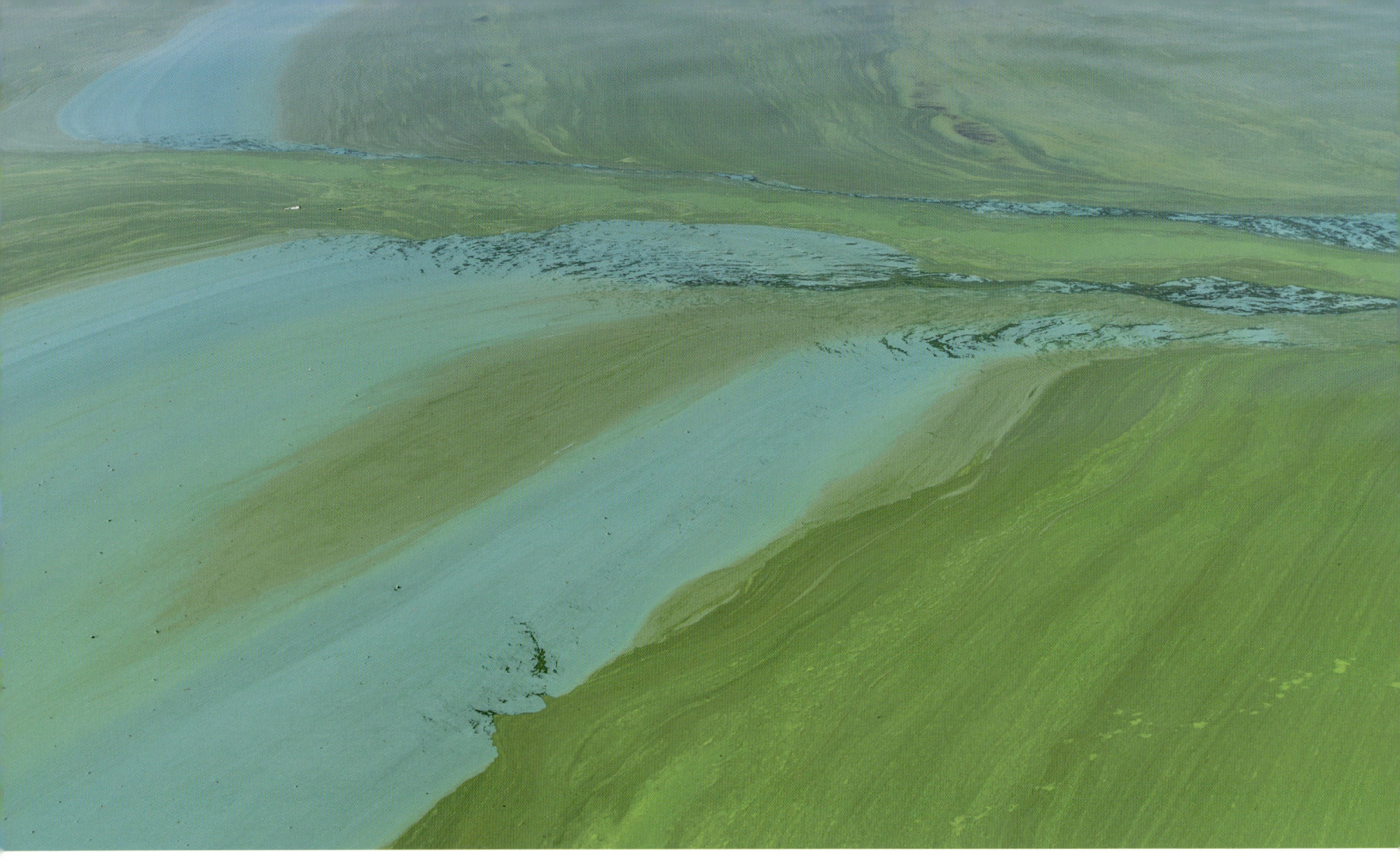

거대한 녹색 수프

지구의 생명체는 아주 오랫동안 바닷속에 사는 자그마한 유기체●로만 존재했습니다. 그러는 동안 박테리아는 성장을 하긴 했지만, 그렇게 대단하지는 못했습니다. 남세균●●이 등장하고 나서야 상황이 바뀌었죠. 이 박테리아는 세 가지 요소, 즉 햇빛과 이산화탄소, 그리고 물을 이용해서 스스로 먹이를 만들어 내는 능력이 있었습니다. **'광합성'**이라고 부르는 이 과정은 오늘날에도 나무와 식물의 잎이 스스로의 생명을 유지하기 위한 식량을 만드는 방법입니다. 남세균의 성장은 아주 성공적이어서 지구 수면의 아주 넓은 부분을 남세균이 차지했고, 거대한 녹색 수프처럼 만들어 버렸지요.

● 생물처럼 물질이 유기적으로 구성되어 생활 기능을 가지게 된 조직체.
●● 엽록소를 가지고 광합성을 하는 세균. 남조류라고도 불러요.

작은 산소 공장

남세균은 산소를 만들어 낸 최초의 초소형 식물이었습니다. 남세균이 이 일을 아주 잘 해내서, 마침내 대기의 일부가 산소로 채워지기 시작했습니다. 이건 동물에게 정말로 중요한 사건이었습니다. 여러분도 알다시피, 동물은 산소 없이는 살 수 없으니까요.

이런 방식으로 산소가 생기기 시작했다는 증거는 토양에서 찾을 수 있습니다. 어떤 지층의 깊은 부분이 **녹슨 색**을 띠는 경우가 있습니다. 그건 옛날 물속에 있었던 철(쇠) 성분이 녹슬었기 때문이지요. 그런데 철은 산소 없이는 녹이 슬지 않습니다.

눈덩어리 지구

지구에서 생명체가 생겨나기 시작할 무렵, 그 생명체가 위험에 빠질 큰일이 생겼습니다. 바로 추위 때문이었습니다. 지구는 굉장히 추워졌습니다. 어느 한 곳만 그런 것이 아니라 행성 전체에 추위가 몰아쳤습니다. 지구 역사를 통틀어 볼 때, **여러 차례 빙하기**가 있기는 했습니다. 하지만 이때가 가장 심한 빙하기 중 하나였어요. 기온이 영하 50도까지 떨어졌고, 두께가 1킬로미터가 넘는 얼음층이 지구를 덮어서 눈덩어리가 된 것 같았지요. 그래서 가끔 이 시기를 '눈덩이 지구'라고 부르기도 합니다. 많은 생명의 형태들이 이 시기에 죽었지만, 모두 다 죽은 것은 아니었습니다. 환경에 가장 잘 적응하는 것들이 살아남았기 때문에, 생명체는 이제까지 알려지지 않았던 새로운 형태로 지구의 환경에 적응하기 시작했습니다.

• 지구의 기온이 내려가 빙하가 발달하거나 확장되었던 시기.

최초의 동물이
바다에서 나타나요

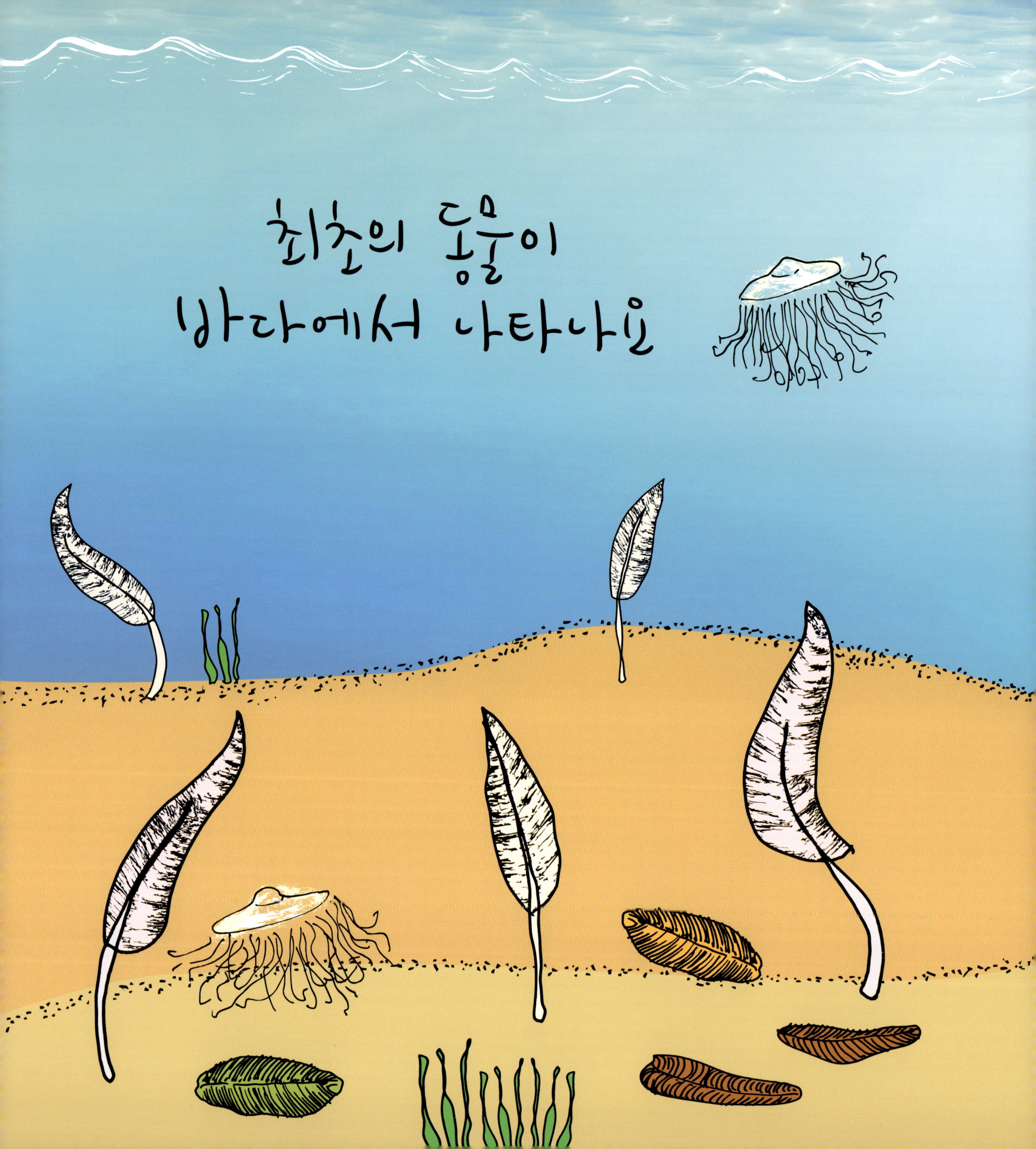

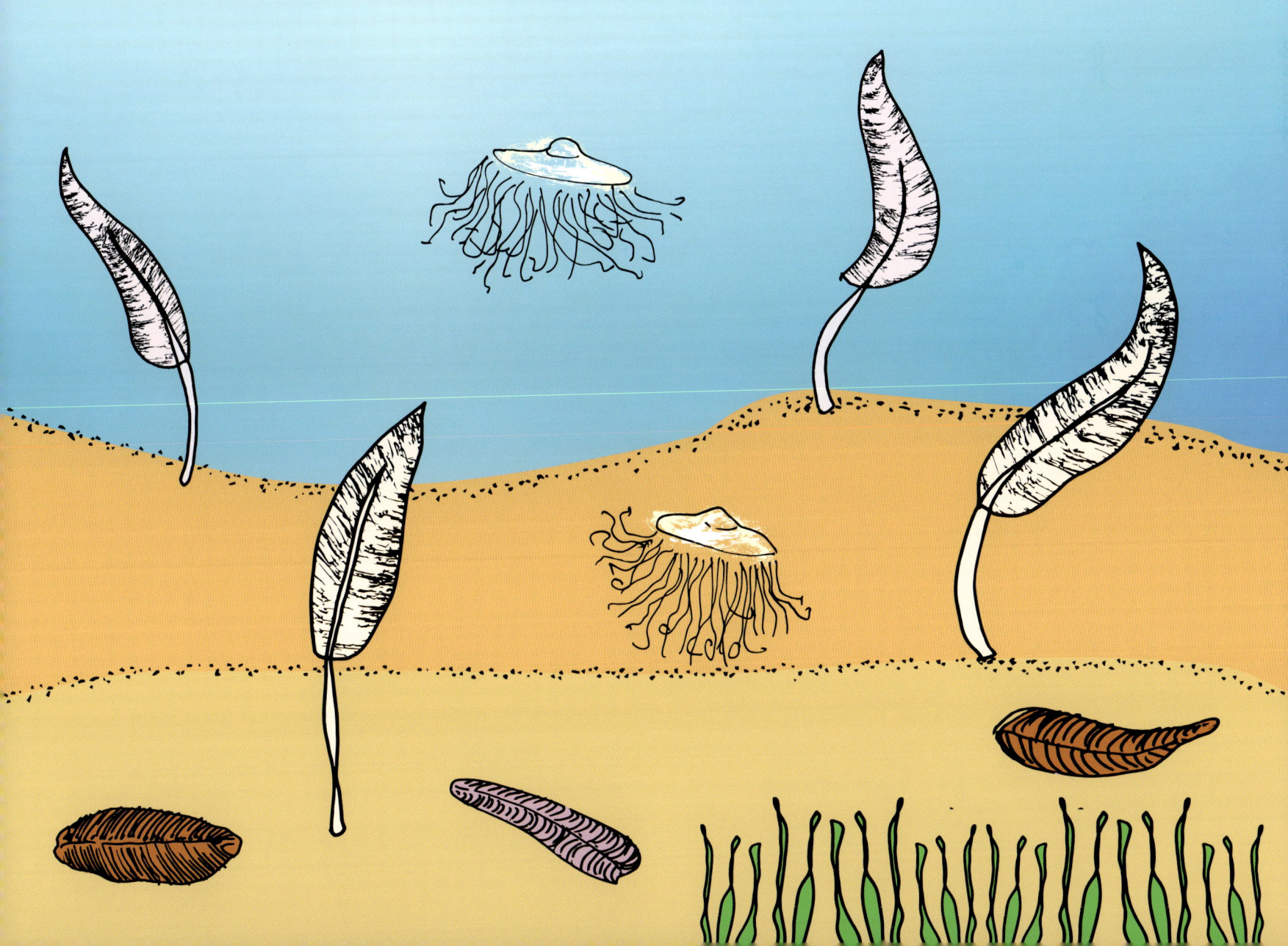

수십억 년 동안, 생명체는 오직 바닷속에만 있었어요

바닷속 생명체는 놀라운 진화•를 겪었습니다. 오랫동안 한 개의 세포로만 이루어진 단세포 생물만이 존재했습니다. 그러다가 진화하여 **다세포** 식물과 동물이 되었습니다. 크기도 점점 더 커졌지요. 수많은 종••이 형성되기 시작했고, 서서히 오늘날의 우리 지구에 살고 있는 동물의 조상으로 구분할 수 있는 동물들이 살게 되었습니다.

• 생물이 생명의 기원 이후부터 점진적으로 변해 가는 현상.
•• 생물 분류의 기초 단위.

괴상한 생물들

처음에 생겨난 동물들은 매우 원시적이었습니다. 대부분은 **뼈대가 없었고** 움직이지도 못했습니다. **입도 없었고** 몸속에 내장도 없었지요. 아직도 우리는 그 동물들이 어떻게 먹었는지 알지 못합니다. 아마도 피부를 이용해서 물속의 음식을 걸러 내었을 겁니다. 이 생물들은 나무 잎사귀나 공기를 넣어 만든 에어 매트 같은 모양이었습니다. 이때 볼 수 있었던 해삼의 조상은 지금도 여전히 바다 밑에서 살고 있습니다.

촉수가 있는 달팽이

암모나이트는 오징어의 조상이었습니다. 3억 5천만 년 전에 지구의 바다를 떠다니고 있었죠. 공룡이 지구에 살았던 때보다 약 두 배나 더 오래전입니다.

암모나이트는 다양한 형태와 크기로 존재했습니다. 2미터 이상의 화석화된 유골이 발견되기도 했었지요. 이 동물은 여러 개의 방이 있는 나선형 껍데기 속에 살았습니다. 그러다 지금 살고 있는 집에 살 수 없을 정도로 몸집이 커지면, 그저 더 큰 방 하나를 추가로 덧붙이면 그만이었습니다.

• 곤충이나 거미, 새우 등의 입 주위에 있는 수염 모양으로 생긴 감각 기관.

시드네이아 · 오토이아 · 상타카리스

가시 달린 벌레

아래 그림에 있는 작은 벌레들은 **할루키게니아**라고 부릅니다. 여러분의 손가락 끝마디만 한 크기였지요. 여러 개의 가는 다리가 있는 이 동물은, 약 5억 년 전에 대양의 바닥을 걸어 다녔습니다. 이 할루키게니아는 다리만 많았던 것이 아니었어요. 작은 팔들과 구부러진 못처럼 생긴 가시들이 등에 솟아나 있었습니다.

| 상타카리스 | 마렐라 | 오파비니아 |

특이한 모양의 생명체

할루키게니아와 같은 시대에 살았던 생물들도 똑같이 이상하게 생겼습니다. 그들 중 몇 종류를 위의 그림에서 볼 수 있습니다. 이들은 뼈대가 없었기 때문에, 아주 적은 양의 화석만이 발견되었습니다. **상타카리스**와 **시드네이아**는 먹이를 사냥했고, **오파비니아**는 눈이 5개에 진공청소기 같은 주둥이를 갖고 있었습니다.

이상한 새우

생명체의 발달 과정은 이상하고도 특이한 일들로 가득합니다. 아주 오랜 옛날, 어떤 동물이 다른 동물들과는 약간 다르게 행동하는 일이 생겼습니다. 식물 먹는 것을 그만두고 대신 다른 동물을 먹기 시작했어요. 이 동물은 최초로 초식에서 육식으로 먹이를 바꾸었고, 이렇게 해서 육식 동물이 태어난 겁니다. 이때부터는 그런 선택을 한 종이 살아남는 데 필요한 것들로 모습이나 행동 등이 돌이킬 수 없을 만큼 많이 바뀌었습니다. 동물은 이제 먹이를 잡아먹거나 그렇지 않으면 잡아먹으려는 포식 동물로부터 달아나는 것에 적응해야만 했습니다.

최초의 포식 동물 중에 **아노말로카리스**라는 동물이 있습니다. '이상한 새우'라는 뜻이지요. 주둥이 옆으로 새우같이 생긴 2개의 촉수를 갖고 있는데, 처음에는 이 촉수 부분만 화석으로 발견됐기 때문에 이런 이름이 붙었습니다. 대략 5억 3천5백만 년 전, 이 느릿느릿 움직이는 사냥꾼은 물속을 헤엄쳐 다녔습니다. 이 동물은 약 1미터 이상까지 자라기도 했는데요, 막대처럼 튀어나온 커다란 눈이 있어서 주변을 다 볼 수 있었습니다.

선사 시대 상어는 민물에서 사냥했어요

만약 여러분이 3억 5천만 년 전에 살아서 강을 거슬러 걸어 올라가는 일이 있었다면, 아주 조심했어야만 했을 거예요. 잘못하다가는 **오르타칸투스**들에게 잡혔을 수도 있었으니까요. 이들은 민물에서 살았던 선사 시대 상어였습니다. 몸길이는 3미터였고 자신보다 작은 물고기나 양서류를 사냥했습니다. 머리에서 꼬리로 이어지는 긴 척추를 가진 게 특징인데요, 긴 등지느러미를 이용해 빠른 속도로 헤엄칠 수 있었습니다. 이것으로 미루어 볼 때, 이들도 다른 포식 동물들로부터 자신을 보호해야만 했음을 짐작할 수 있습니다. 아래 그림에는 또 다른 포식 물고기인 **리조두스**가 있습니다. 리조두스는 늪지대에서 물고기와 양서류들을 사냥하며 살았습니다.

- 역사 기록이 남아 있지 않은 인류의 원시 시대.
- 어류와 파충류의 중간으로 개구리, 두꺼비 등이 있으며, 땅 위와 물속 두 곳에서 살 수 있어요.

삼엽충이 바다를 지배했어요

이제까지 삼엽충만큼 많은 화석이 발견된 동물은 거의 없습니다. 또 삼엽충만큼 그렇게 오랫동안 지구에서 돌아다녔던 종도 드뭅니다. 약 3억 년 전, 바다는 삼엽충으로 가득했습니다. 삼엽충에게는 먹잇감이 많았거든요. 다른 동물을 사냥하거나 물속에서 먹이를 걸러 내거나 했는데, 플랑크톤만으로도 살아남을 수 있었습니다. 하지만 포식 동물들에게 삼엽충은 잡기 힘든 먹잇감이었습니다. 삼엽충은 자기 몸을 말아서 공처럼 **굴릴** 수 있었기 때문이지요. 오늘날의 아르마딜로나 쥐며느리가 하는 행동과 똑같습니다.

고래만큼 커다란 물고기 도마뱀

과학자들은 **이크티오사우루스**의 화석을 발견했을 때, 도마뱀이 아닐까 추측했습니다. 뼈대를 보고 그렇게 생각했는데, 뾰족한 머리 부분이 특이했습니다. 그래서 과학자들은 이 동물을 '이크티오사우루스'라고 불렀는데요, 그리스어로 '물고기 도마뱀'이라는 뜻입니다.

최초의 이크티오사우루스는 공룡보다 수백만 년 전에 살았습니다. 몸길이가 다양하고 생김새가 돌고래를 닮았습니다. 헤엄도 무척 빠른 데다 날카로운 이빨이 있었지요. 그래서 때로는 이 동물을 '바다 괴물'이라고 부르기도 합니다.

아무것도 없었던 육지

처음 40억 년 동안, 모든 일은 물속에서 일어났습니다. 바다에서 솟아오른 육지는 여전히 아무것도 없는 맨땅 그대로였습니다. 그러다 오랜 세월이 지나면서, 이런저런 땅들이 한데 어울려 대륙을 형성했습니다. 그런 다음 이 대륙들이 천천히 쪼개졌지요. 이렇게 분리된 육지 조각들은 서로 충돌하게 됐고, 새로운 바다가 만들어지거나 산들이 생겨났습니다.

식물도, 동물도 없어요. 생명체가 없어요

바다가 생명체로 가득했던 동안에도, 육지는 아직 준비가 되어 있지 않았습니다. 메마른 육지에 나올 만한 동물이나 식물이 아직은 없었던 겁니다. 수억 년 전, 지구는 지금과는 아주 다른 모습이었습니다. 생명체가 없었으므로, 육지는 다른 행성의 표면처럼 보였지요. **초록색이라고는 전혀 없이,** 그저 바위만 있었습니다.

이끼가 첫 번째였어요

어림잡아 4억 7천만 년 전, 아주 중요한 일이 일어났습니다. 물이 빠져나간 자리에 조류●가 살아 있는 채로 머물게 된 겁니다. 처음으로, 육지 일부가 초록색으로 물들었지요. 그러고 난 다음에는, 빠르게 진화했습니다. 이어서 최초의 진짜 육지 식물들, 즉 이끼와 **지의류**●●가 등장했습니다. 이들은 모양도 아주 다양했어요. 드디어 생명체가 육지에 자리를 잡았습니다.

● 하등식물로 물에 살면서 광합성을 해요.
●● 균류와 조류가 서로 도움을 주며 살아가는 공생 생물. 나무껍질이나 바위에 붙어 자라요.

어마어마한 기둥들

육지에 자리 잡은 이끼와 지의류에게는 크게 자랄 수 있는 공간이 아주 넉넉했습니다. 그래서 정말 잘 자랐습니다. 나무처럼 키가 큰 이 어마어마한 기둥들은 '**프로토택사이트**'라고 부르는데, 그들은 함께 모여서 숲을 이루었지요. 과학자들은 처음에는 이것이 거대한 버섯이었을 것이라 생각했지만, 실은 엄청나게 커다랗게 자라고 모인 이끼와 지의류였습니다.

최초의 숲

뉴질랜드에는 **나무고사리**가 자라고 있어서 선사 시대 숲의 모습을 어렴풋하게나마 짐작할 수 있습니다. 나무고사리가 지구 최초의 나무 종 중 하나였기 때문입니다. 나무고사리는 뿌리와 높이 자란 몸통이 있어서 잎사귀들이 빛을 아주 많이 받을 수 있었지요. 초기의 나무 종들 중에는 침엽수가 있는데, 그때 침엽수 종류 중 지금은 멸종되어 볼 수 없는 종류가 많이 있습니다. 그 나무들은 오늘날 우리가 알고 있는 침엽수와는 매우 다르게 생겼습니다. 꽃도 아직 존재하지 않았고, 당연히 씨앗도 없었습니다. 나무들은 홀씨를 이용해서 번식했습니다. 마치 이끼처럼 말이죠.

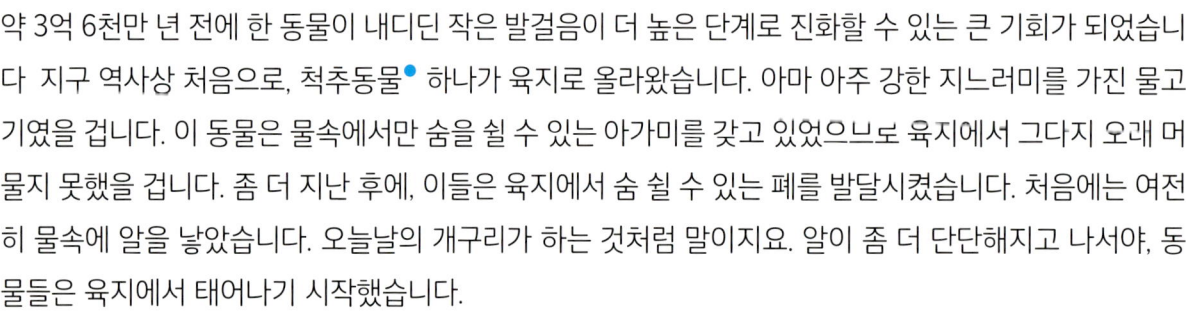

육지 동물

약 3억 6천만 년 전에 한 동물이 내디딘 작은 발걸음이 더 높은 단계로 진화할 수 있는 큰 기회가 되었습니다. 지구 역사상 처음으로, 척추동물● 하나가 육지로 올라왔습니다. 아마 아주 강한 지느러미를 가진 물고기였을 겁니다. 이 동물은 물속에서만 숨을 쉴 수 있는 아가미를 갖고 있었으므로 육지에서 그다지 오래 머물지 못했을 겁니다. 좀 더 지난 후에, 이들은 육지에서 숨 쉴 수 있는 폐를 발달시켰습니다. 처음에는 여전히 물속에 알을 낳았습니다. 오늘날의 개구리가 하는 것처럼 말이지요. 알이 좀 더 단단해지고 나서야, 동물들은 육지에서 태어나기 시작했습니다.

● 등뼈가 있는 동물. 척추동물에는 포유류, 파충류, 조류, 어류, 양서류 등이 있어요.

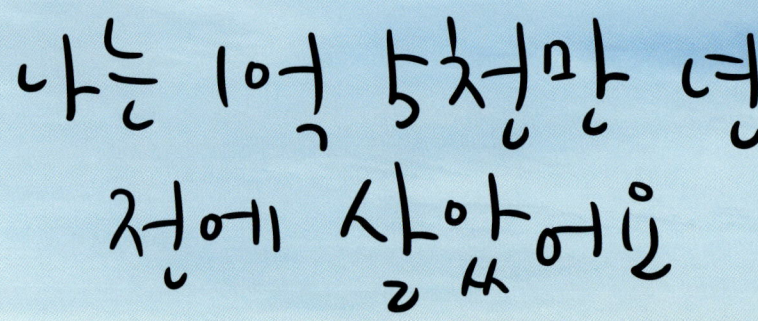

나는 1억 5천만 년 전에 살았어요

점점 더 커지다

최초의 식물들처럼, 동물들도 빠르게 발전했습니다. 상대적으로 짧은 기간 안에, 점점 더 커졌습니다. 짧은 기간이라고 했지만, 그래도 여전히 수백만 년이 걸렸지요. 날아다니는 동물도 생기기 시작했습니다. 최초의 날개 달린 동물 중 하나는 **잠자리**였는데, 그때의 잠자리는 날개 크기가 테니스 라켓만 했답니다.

기온이 높고 먹이가 풍부한 덕분에 몸집이 거대해진 동물들이 많아졌습니다. 2미터 길이의 지네들이 어딜 가나 있었지요. 이들은 사람의 평균 키보다 더 컸습니다. 당시에 아직 바다에 살고 있었던 **전갈**도 마찬가지로 매우 컸습니다.

거대한 물고기

육지 동물들만 더 커진 것은 아니었습니다. 바다에서도 같은 일이 일어났지요. 어류•도 예전에는 본 적이 없었던 크기로 커졌습니다. 그중에서도 가장 큰 물고기는 포식성 어류였습니다. 이미 거대한 크기의 상어가 살고 있었기는 했지만, 크기에 관해서라면, 바다에서는 **둔클레오스테우스**의 무시무시한 몸집과 비교할 수 있는 물고기는 없었습니다. 약 9미터나 되는 놀라운 길이에 몸집도 트럭만큼 컸습니다. 날카로운 이빨이 있어서 악어보다도 더 세게 물어뜯을 수 있었지요. 단단한 껍데기 속에 숨은 암모나이트조차도 당해 낼 수가 없었습니다. 둔클레오스테우스의 이빨은 바로 뚫고 들어갈 수 있었어요.

• 물속에 사는 척추동물. 척추동물 중에서 가장 먼저 지구에 나타났어요.

그 시대의 검치 사자

대략 2억 5천만 년 전에는 **이노스트란케비아**가 지구를 어슬렁거렸습니다. 그때 살았던 다른 동물들은 모두 이 동물을 두려워했지요. 오른쪽 아래 그림에 보이는 **파레이아사우루스**처럼 말입니다. 이노스트란케비아는 훨씬 원시 동물이긴 하지만, 그 시대의 사자였다고 할 수 있습니다. 몸길이가 4미터 정도로 매우 길고 빠르긴 했지만, 엄청 빠르지는 않았습니다. 눈보다는 코가 좀 더 발달했고, 칼처럼 튀어나온 이빨인 검치는 매우 날카로웠습니다. 갑옷으로 무장한 파레이아사우루스도 한 번 무는 정도로 죽일 수 있었습니다.

땅 파는 데 최고

리스트로사우루스는 사막에 살았습니다. 강한 앞다리와 뿔처럼 튀어나온 이빨을 이용해서 땅속에 있는 뿌리 덩이를 파낸 다음, 특이하게 생긴 주둥이로 먹어 치웠습니다. 리스트로사우루스는 2억 5천만 년 전에 살았는데요, 땅에 굴을 파고 그 안에서 잠을 잤을 거라고 생각됩니다.

선사 시대의 곰

욘케리아는 현재의 남아프리카 지역에서 2억 5천만 년보다 전에 살았습니다. 몸집이 아주 크고 무게도 많이 나갔지요. 요즘 아프리카 초원 지역을 돌아다니는 코뿔소보다 조금 더 컸습니다. 이 동물은 튼튼한 다리와 날카로운 이빨을 가진 아주 훌륭한 사냥꾼이었습니다. 작은 동물들은 욘케리아가 걸어서 지나가는 것만 보고도 쏜살같이 달아나야 했어요. 그런데 작은 동물만 욘케리아를 무서워한 것이 아니었습니다. 포식 동물들도 역시 겁을 먹었습니다. 포식 동물들이 사냥감을 잡고 나면, 욘케리아가 달려들어 그것을 빼앗아 갔거든요. 오늘날의 곰이 늑대한테 하는 행동과 똑같다고 생각하면 됩니다. 그래서 욘케리아를 '선사 시대의 곰'이라고 부릅니다.

왕관을 쓴 악어

에스템메노수쿠스의 화석은 러시아에서 발견되었습니다. 머리뼈가 특히 주목을 받았는데, 마치 왕관처럼 보이는 두 개의 뿔이 머리에 있었기 때문이었죠. 그래서 지금의 이름을 얻게 되었습니다. 에스템메노수쿠스는 그리스어로 '왕관을 쓴 악어'라는 의미입니다. 에스템메노수쿠스는 2억 7천만 년 전에 살았습니다. 몸길이가 3미터나 되는데 풀을 먹는 것을 좋아했고, 습지에서 먹거리를 찾는 데에도 아무런 어려움이 없었습니다. 이빨은 먹잇감을 사냥하기보다는 다른 동물을 겁주는 데 사용했습니다. 뿔도 마찬가지였어요. 에스템메노수쿠스는 박치기도 아주 세게 날릴 수 있었지만, 보통은 그렇게까지 할 필요가 별로 없었습니다. 무서워 보이는 겉모습만으로도 동물들에게 두려움을 불러일으키는 데에는 충분했습니다.

악어들의 할아버지

포스토수쿠스는 악어들의 조상입니다. 몸길이가 6미터나 되었고 진정한 포식자였습니다. 공격하는 동안, 포스토수쿠스는 뒷다리로 달리면서 앞다리로 먹잇감을 움켜쥘 수 있었습니다. 포스토수쿠스의 이런 기술은 먹잇감을 사냥하는 공룡에게 좋은 본보기가 되었습니다. 다른 공룡들이 그 기술을 따라 했거든요.

고르고놉스는 약 2억 5천만 년 전에 살았습니다. 몸길이가 2미터 가까이 되었는데 몸이 유연해서 사냥할 때 빠르게 움직일 수 있었지요. 고르고놉스는 모든 포유류•의 조상으로 알려져 있습니다.

• 어미 동물이 새끼를 낳아 젖을 먹여 키우는 젖먹이 동물로, 사람을 포함해 개, 말, 원숭이, 고래 등이 있어요.

단단한 머리

몸길이가 5미터인 **모스콥스**는 그 시대에 살았던 가장 거대한 초식 동물 중의 하나였습니다. 모스콥스의 유골은 남아프리카 외에도 여러 곳에서 발견되고 있습니다. 모스콥스는 몸이 커다랗고 무거웠지만 머리는 작았습니다. 하지만 이 작은 머리는 매우 특별했지요. 모스콥스는 머리 위쪽에 10센티미터 두께의 뼈 판을 갖고 있었습니다. 이 딱딱한 머리로 아주 강한 박치기를 날렸지요. 아직도 어떤 동물은 자신을 지키기 위해서, 아니면 짝을 구하는 싸움에서 상대방에 맞서기 위해 이 기술을 사용합니다.

디메트로돈

공룡이 살던 이전의 시대로 거슬러 올라가기 위해 과학자들은 화석을 연구하고 있는데요, 그런 화석 중에서 가장 주목할 만한 것은 디메트로돈의 화석입니다. 긴 꼬리와 등에 커다란 돛을 갖고 있었던 디메트로돈은 꽤 대단한 존재였습니다. 왜 돛을 갖고 있었는지에 대해서 두 가지 설이 있습니다. 하나는 다른 동물들을 겁주기 위해 사용되었을 것이라는 설이 있고, 또 하나는 어쩌면 **체온 조절**을 위해서 사용되었을 것이라는 설이 있습니다. 디메트로돈은 체온을 유지하기 위해 끊임없이 햇볕을 쬐어야 했습니다. 이때 돛은 햇빛을 더 많이 받아들여서 신체 여러 부분으로 온기를 전달해 주었을 것입니다. 이 덕분에 디메트로돈은 몸이 더 차갑고, 그래서 더 느린 파충류와 양서류 사냥에 유리했습니다.

디메트로돈은 습지에 살았는데, 거기에서 눈에 보이는 모든 동물이란 동물은 다 잡아먹을 수 있었습니다. 그때 당시 주위에 있던 민물 상어도 포함해서 말이지요.

• 온몸이 가죽질의 비늘로 덮여 있고, 주위의 온도에 따라 체온이 변하는 동물로 뱀, 거북, 악어 등이 있어요.

공룡의 시대

공룡은 대략 **1억 6천5백만 년** 동안 지구에 살았습니다. 그 오랜 기간 동안, 수없이 많은 형태의 공룡이 나타났었지요. 꼬리에 방망이가 있는 공룡도 있었고, 등에 갑옷을 입었거나 부리가 있는 공룡도 있었습니다. 몇몇은 아주 빠른 사냥꾼이기도 했지만, 또 어떤 공룡은 느릿느릿한 초식 동물이기도 했습니다. 하늘을 날 수 있었던 익룡은 육지에 살던 공룡과 크기가 비슷했습니다. 가장 유명한 공룡 중에는 물이나 물가에 살았던 **디플로도쿠스**가 있습니다. 이 친구는 25미터까지 자랐는데, 성격은 온순했다고 합니다.

거대한 동물들

공룡은 지금까지 육지 위를 돌아다녔던 동물 중 가장 큰 동물이었습니다. 어떤 종은 키가 30미터까지 자라기도 했습니다. 그건 테니스장보다도 더 컸다는 말이지요. 초식 공룡들이 몸집이 가장 큰 종이기는 했지만, 육식 공룡들도 절대로 뒤지지 않았습니다. **티렉스**라고도 불리는 무시무시한 **티라노사우루스**는 10미터를 넘기기도 했거든요.

순식간에 멸종된 공룡

공룡은 수백만 년 동안 지구를 누비며 살았지만, 짧은 기간에 멸종했습니다. 그런데 그 기간 동안 **공룡**만 멸종했던 것이 아니었어요. 살아 있던 생명체가 대부분 사라져 버렸습니다. 육지와 바다 양쪽에서 수천 종의 식물과 동물들이 사라졌습니다. 마치 아주 위험한 질병이 지구에 돈 것 같았어요. 그 생각도 맞을 수 있습니다. 하지만 과학자들은 거대한 유성이 지구와 충돌했고 그래서 이 모든 일이 발생했다고 믿고 있습니다. 어떤 이들은 대규모의 화산 폭발이 원인이었다고 생각하기도 합니다.

거의 모든 생명체가 사라졌어요

공룡이 갑작스럽게 사라진 첫 번째 동물은 아니었습니다. 그 전에, **대부분의 종**이 사라지게 된 몇 번의 순간들이 있었습니다. 공룡이 멸종되기 직전에도 지구에 커다란 재앙이 덮쳤습니다. 약 2억 5천만 년 전, 거의 모든 바다 동물과 대부분의 육지 동물이 멸종했습니다. 다행스럽게도, 일부는 살아남았습니다. 그렇지 않았으면 아마 지금쯤 지구는 매우 황폐하고 쓸쓸한 곳이 되었을 겁니다.

공룡이 모두 사라진 뒤

공룡이 멸종되고 난 뒤, 지구상에 생명체가 다시 살아나기까지는 상당히 오랜 시간이 걸렸습니다. 거대한 동물들이 좀 더 몸집이 작지만 다양한 종으로 교체되었습니다. 결국에는 그들도 진화하여 다시 커졌습니다. 그중에 털코뿔소나 거대한 코끼리새 그리고 **매머드**가 있었습니다. 매머드는 코끼리과의 아주 털이 많은 동물이었습니다. 마지막 빙하기 동안 살았고 지금은 멸종되었지요. 털코뿔소와 거대한 코끼리새도 마찬가지입니다.

포유류의 시대

공룡이 사라진 뒤 지구에는 포유류들, 이를테면 사자, 원숭이, 그리고 인간 같은 포유동물들이 번성하기 시작했습니다. 인간은 매우 발달한 두뇌를 갖고 있었고, 아주 똑똑했기 때문에 자신들이 원하는 대로 지구를 바꿔 나갔습니다. 인간이 지구에 살게 된 것은 그리 오래되지 않았습니다. 만일 지구의 역사를 하루 24시간에 비유해 본다면, 공룡은 저녁 무렵에 진화했을 것이고, 인간은 자정이 되기 **20초** 전부터 살기 시작했을 것입니다. 우리는 지구의 역사에 이제 막 등장한 것이지요.

찾아보기

간헐천 • 25
고르고놉스 • 64
공룡 • 7, 10, 37, 43, 64, 67~73
광합성 • 28, 46
나무고사리 • 50
남세균 • 28~29
다세포 • 34
둔클레오스테우스 • 58
디메트로돈 • 67
디플로도쿠스 • 68
리스트로사우루스 • 61

리조두스 • 41
마렐라 • 39
매머드 • 72
멸종 • 8, 50, 70~72
모스콥스 • 65
박테리아 • 25~26, 28
빙하기 • 30, 72
삼엽충 • 42
상타카리스 • 38~39
생명체 • 7, 25~26, 28, 30, 34, 39~40, 45~46, 70~72

선사 시대 • 41, 50, 62
스트로마톨라이트 • 26
시드네이아 • 38~39
아노말로카리스 • 40
암모나이트 • 37, 58
양서류 • 41, 52, 66
어류 • 41, 52, 58
에스템메노수쿠스 • 53
오르타칸투스 • 41
오토이아 • 38
오파비니아 • 39

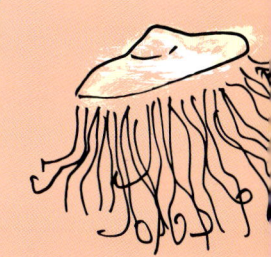

욘케리아 • 62
용암 • 14, 25
우주 먼지 • 17
유성 • 14, 18, 70
이끼 • 7, 46, 49~50
이노스트란케비아 • 60
이크티오사우루스 • 43
잠자리 • 57
전갈 • 57
조류(식물) • 46
조류(동물) • 52

지의류 • 46, 49
지질학 연대표 • 12~13
지층 • 10, 29
진화 • 34, 46, 52, 68, 72~73
척추동물 • 52, 58
촉수 • 37, 40
코끼리새 • 72
털코뿔소 • 72
테이아 • 21
티라노사우루스 • 69
파레이아사우루스 • 60

파충류 • 41, 52, 67
포스토수쿠스 • 64
포유류 • 52, 64, 73
프로토택사이트 • 49
할루키게니아 • 38~39
해삼 • 36
화석 • 8, 10, 37, 39, 42~43, 63, 67

초등 사회, 과학의 문을 여는 첫 열쇠 와우! Wow! 시리즈

와우! Wow! 우주의 신비로움과 지구의 아름다움, 그리고 인간의 도전을 담은 이야기

와우 시리즈에서는 지구의 탄생과 생명체가 생기는 놀라운 일이 어떻게 일어났는지 알려 줍니다. 먼 옛날 지구에 살았던 공룡과 땅속 지구의 비밀, 신비에 싸인 달, 그리고 태양계 너머 우주에 대한 이야기도 전해 주지요. 또, 지구에 사는 신기한 동물과 식물 그리고 사람들이 만든 놀라운 건축물과 조각상을 만날 수 있어요. 정말 특별하지요? 여러분은 이 이야기들을 숨도 쉬지 않고 읽다가 이렇게 외칠 거예요. 와우! Wow!